L'IN ERNATIONALE

SOUS LE RAPPORT ÉCONOMIQUE, POLITIQUE

ET SOCIAL

PAR

IVAN GOLOVINE

Auteur de l'*Esprit de l'Économie politique*, de l'*Europe révolutionnaire*, etc.

> S'il est des hommes dont l'âme n'est jamais réchauffée d'un rayon d'amour pour leur prochain, il en est qui, pour règle de conduite, disent : — Quel droit avons-nous de vivre dans l'opulence pendant que d'autres meurent de faim?
> A. H.

PARIS

AMYOT, ÉDITEUR

8, RUE DE LA PAIX, 8

NICE

LIBRAIRIE VISCONTI

L'INTERNATIONALE

SOUS LE RAPPORT ÉCONOMIQUE, POLITIQUE

ET SOCIAL

PAR

IVAN GOLOVINE

Auteur de l'*Esprit de l'Économie politique*, de l'*Europe révolutionnaire*, etc.

> S'il est des hommes dont l'âme n'est jamais
> réchauffée d'un rayon d'amour pour leur pro-
> chain, il en est qui, pour règle de conduite,
> disent : — Quel droit avons-nous de vivre
> dans l'opulence pendant que d'autres meurent
> de faim ?   A. H.

PARIS

AMYOT, ÉDITEUR

8, RUE DE LA PAIX, 8

NICE

LIBRAIRIE VISCONTI

TABLE DES MATIÈRES

Imprimerie Eugène Heutte et Cie, à Saint-Germain.

PRÉFACE

Les gens qui n'ont pas étudié l'économie politique trouvent que l'Internationale n'a rien de commun avec elle, mais les économistes qui écrivent dans le *Journal des Débats* pensent que la question du travail est entrée dans une phase nouvelle, que l'artisan a le droit de manger de la viande, même deux fois par jour, lors même qu'elle hausse de prix constamment depuis trente ans et que l'or baisse, grâce aux quantités qu'on en trouve dans le Nouveau-Monde. Ils se préoccupent fort de ce que des hommes, comme M. Brand, le *speaker* des Communes en Angleterre, ait admis les ouvriers de ses fermes à la participation aux bénéfices. Tout ce qu'ils demandent au travail, c'est de ne pas poser des exigences déraisonnables d'une manière à troubler le repos public.

Le tort de l'esprit allemand est de tout généraliser, et l'Internationale est une idée allemande, mais les esprits qui ne s'élèvent pas au-dessus des détails se flattent à tort de battre cette association en détail. On ne peut pas faire *empoigner* tous ses membres, les uns après les autres, et si elle voulait ne pas se mêler de politique et laisser venir à elle les sympathies des travailleurs, elle serait appuyée par des masses invincibles. La peur des pétroleurs s'évanouit, mais la conférence de l'Allemagne avec l'Autriche-Hongrie n'aboutira pas plus que n'a abouti le congrès des savants à Eisenach.

Il y a toujours eu antagonisme, dans tous les pays, entre les bureaucrates et les hommes de lettres, non pas précisément par jalousie, mais par l'opposition des points de vue différents : la pratique, ou pour mieux dire la routine, et la théorie. Les fonctionnaires disent que les écrivains ne sont que des rêveurs. L'union de l'Italie, l'union de l'Allemagne étaient des rêves avant que Cavour et Bismark en eussent fait des réalités. L'Internationale était un rêve aussi avant qu'elle fût devenue le cauchemar, le spectre rouge des employés qui s'endorment, parce qu'ils croient que l'orage est passé, attendu qu'ils se sont couvert la tête de leurs couvertures de lit!

N'ayant pas le temps de combiner les idées, ils trouvent incohérent ou ambigu tout ce qui dépasse leur conception. Ils se suivent et se ressemblent. Ils ne voient que des agitateurs et des conspirateurs dans l'Internationale ; ils n'y voient pas des penseurs. Cet écrit ne leur ouvrira pas les yeux, mais leurs chefs, des auteurs de la veille, y verront plus clair. Ceux qui ne conservent leurs places et qui ne sont admis à faire valoir leurs droits à la retraite qu'à condition de n'être d'aucun parti politique, n'ont pas de voix au chapitre.

Les coalitions au-dessus de sept personnes sont interdites par la loi en France ; cependant, les charpentiers, dans les départements occupés, ont fait une grève avant d'achever les baraquements, ce qui a été traité de manque de patriotisme. Les cochers, à Nice, en ont fait une très-pacifique et ont obtenu une augmentation de salaire. Les ouvriers polisseurs en ont exécuté une sans la participation de l'Internationale, que Garibaldi a appelée *le Soleil de l'avenir.*

Par avenir, le général n'entend que la République universelle.

Il y a trente ans qu'il a été dit de moi qu'il faut avoir appris quelque chose pour me comprendre, et depuis, je n'ai pas diminué mes connaissances. Je n'ai cessé tout ce temps de lutter contre le despotisme russe, mais j'ai vu que tous les gouvernements recherchaient son alliance, sans s'apercevoir du tort que cela faisait, même à la démocratie américaine.

Napoléon III n'aurait pas tiré l'épée contre l'Allemagne s'il ne s'était fié aux rapports du général Fleury *enguirlandé* par le tzar, le neveu, le frère, le cousin et l'ami de Guillaume Ier.

La dénonciation du traité de Paris a été suivie du congrès de Berlin, et s'il y a eu en France 579 ministres de 1830 à 1872, c'est qu'ils ont eu des yeux pour ne pas voir clair.

On ne tombe que du côté où l'on penche, a dit M. Guizot. L'alliance des peuples produira le désarmement que la solidarité des gouvernements est incapable de leur donner.

En Espagne, l'Internationale a pris plus qu'en Italie : la grève des ouvriers des chemins de fer menace d'interrompre les communications dans le premier pays, et l'Andalousie est dans une profonde agitation. Ce qu'il y a de plus grave en France, c'est ce que j'appellerais la grève des gros bonnets, qui retirent leurs capitaux et n'activent pas l'industrie, afin de produire le mécontentement des ouvriers qui, ils ne le savent que trop bien, mène toujours aux révolutions. Ces indices échappent à l'observation des hommes qui ne sont pas sérieux; le sérieux n'est pas amusant pour ceux qui ne sentent pas tout le vide du futile. Le sujet que nous traitons est plus grave que curieux.

Il y a, en France, 22,000 chefs d'établissements et 800,000 ouvriers produisant près de 2 milliards; 58 % de bénéfices nets reviennent aux ouvriers, et 43 % seulement au capital et à l'industrie.

Il y a 130,000 pauvres à Paris, dans les années de prospérité. Or, suivant le cardinal de Retz, ce ne sont pas les mendiants, mais les nécessiteux qui font les révoltes et les révolutions. Cependant, dans aucun pays, les indigents ne sont mieux secourus qu'en France.

L'INTERNATIONALE

SOUS LE RAPPORT ÉCONOMIQUE, POLITIQUE ET SOCIAL

APERÇU GÉNÉRAL

Il y a juste huit ans que l'Internationale existe (1). Elle a étendu son réseau dans le monde entier; son comité est aujourd'hui à New-York, et l'Australie a envoyé un délégué au congrès de la Haye.

L'ignorance de la géographie, qui caractérise les Français, suivant le mot de Gœthe, fait la force de l'Internationale. Quand on croit à l'existence d'une langue australienne et d'une langue prussienne, quand on ignore les lois qui régissent les différents pays, quand on ne sait pas où s'arrêtent les frontières, on est dans le vague sur l'activité d'une association qui embrasse tous les États, qui constitue la solidarité des travailleurs de tous les peuples.

L'Internationale compte une armée d'un million d'hommes qu'elle peut armer d'un jour à l'autre, car elle a des dépôts d'armes cachés dans plusieurs endroits et que d'ailleurs le commerce des armes est libre dans plus d'un pays. Ce million de travailleurs, en payant un franc par tête et par an, constitue un

(1) Elle a été fondée le 23 septembre 1864 à Saint Martin's Hall, Long Acre, à Londres.

million de revenu dont chaque sou est employé à creuser un trou.

L'Internationale dit qu'elle ne s'occupe pas de politique, qu'elle ne l'a fait en France que par exception, parce que l'empire l'avait attaquée, mais il n'y a rien de plus politique de nos jours que les questions sociales, ce sont des questions d'entrailles. C'est pour elles et par elles qu'on fait des révolutions, les formes de gouvernement n'enthousiasment pas les masses.

D'ailleurs la France n'est pas le seul pays qui a proscrit cette Association, et elle vient justement de prendre sa revanche des persécutions exercées contre elle en Danemark, en faisant triompher le parti avancé au *Volksting*.

L'Internationale n'est pas nationale, ce qui fait que partout où une révolution se produit, les nationaux s'emparent du pouvoir et lorsque les socialistes prennent le dessus, la tête est débordée par la queue ; c'est ce qui est arrivé en juin 1848 et s'est répété pendant la Commune à Paris. Félix Pyat n'était pas de l'Internationale et les galériens libérés étaient dans les rangs de la garde nationale.

M. Gambetta « l'homme de l'avenir » est national, mais c'est un de ces hommes qui brillent au second rang et s'éclipsent au premier ; or, quand il se sera éclipsé, la sociale reviendra, et qui dit la sociale dit la Commune.

Si l'humanité ne vaut pas qu'on se dévoue pour elle, à qui la faute ? Est-ce à elle qui a plus de vices que de vertus, ou à ses gouvernants qui dérobent la lumière aux peuples afin de les mieux assujettir ? Les peuples ne se ressemblent pas d'ailleurs autant qu'on le croit. Il y en a qui savent souffrir pour leurs convictions, y persévérer, qui méritent d'être libres, et d'autres qui n'ont de frein en rien ; il y en a qui brillent par leur attachement et leur constance, et d'autres qui ne connaissent que l'infidélité. Les uns et les autres sont les artisans de leur fortune et de leur sort. Les uns sont servis par des patriotes et les autres exploités par des ambitieux.

Le gouvernement, a dit Platon, revient aux philosophes, mais les philosophes ne sont pas des hommes d'action ; il revient aux hommes audacieux, suivant le système des révolutionnaires. L'Internationale veut traduire en action les doctrines de Saint-Simon, Fourier et Babeuf. Elle dit aussi : « A chacun selon son travail. » Les grèves sourient aux fainéants, qui ne sont pas moins entretenus aux frais de l'Association ; mais celle-ci crie : « Honte aux fainéants, honneur aux travailleurs ! » Seulement elle a soutenu toutes les grèves, excepté celle des ouvriers tailleurs.

« Vivre en travaillant ou mourir en combattant ! » est sa devise. Les ouvriers sages disent : « Nous aurons toujours des maîtres et il faudra toujours travailler, » et les ouvriers raisonnables sont encore en majorité, mais déjà les idées des citadins gagnent les campagnes :

Malheur à qui s'attarde sur la grève,
Et ne demande pas au pêcheur qui s'enfuit :
D'où vient qu'à l'horizon on entend ce grand bruit ?

Les *workhouses* anglais sont de la charité mal entendue ; déjà on a limité en Angleterre les heures du travail des enfants dans les fabriques, et la philanthropie, de ce côté, n'a pas besoin d'être activée par les baïonnettes des prolétaires ou tempérée par les casse-têtes des *policemen*. La presse, de son côté, remplit son devoir en prouvant que du choc des opinions jaillit la lumière. Il n'est pas étonnant que l'auteur de *l'Ouvrière* ait eu des attaches avec l'Internationale et qu'il en ait été exclu. Les jours se suivent, mais ne se ressemblent pas, pour les ouvriers comme pour les ministres.

« Il se produit aujourd'hui, à la suite d'une longue oppression, un sentiment de liberté qui achèvera de donner à la Révolution française son caractère. Non-seulement on se dégoûte des libertés incomplètes et l'on en aperçoit le piége, mais on comprend aussi que la liberté, dans un ordre de faits déterminés, a besoin des autres libertés pour être entière et même pour être vivante. Ce n'est plus seulement pour accroître la richesse ou pour détruire un privilége qu'on affranchit le travail ; c'est parce qu'on respecte le travail humain dans chacune de ses branches, et la liberté humaine dans chacun de ses développements. Ce n'est pas tel ou tel travail qui est sacré, c'est le travail ou plutôt c'est l'homme. Puisque nous commençons à comprendre cette doctrine, commençons à la pratiquer. La vie est bien assez difficile par elle-même ; on ne devrait employer la force collective qu'à aider les forces individuelles ; on ne l'emploie qu'à les gêner.

« Où vont les ballots des marchandises en sortant de

la fabrique? à la douane. Et les vins en sortant du pressoir? au bureau d'octroi. Le douanier, pauvre homme, est de la race des inquisiteurs. Le livre, à peine séché, s'empile au parquet ; l'enfant, dès qu'il sait balbutier, est mené au confessionnal; dès qu'il a des muscles, à la caserne.

« Séparer l'Église de l'État, abolir les délits de la pensée, détruire l'armée permanente, commandée par le ministre de la guerre, et l'armée permanente de douaniers, de contrôleurs ambulants et sédentaires, de receveurs et de commis à pied et à cheval, que commande le ministre des finances, ce n'est pas faire autre chose que de travailler à la liberté extérieure de l'homme ; de même qu'établir l'instruction obligatoire, c'est travailler à la liberté intérieure. Nous essayons, par ces divers moyens, de rendre la liberté effective et pratique, parce que nous sommes fatigués d'être déclarés libres, depuis quatre-vingts ans, par toutes les constitutions et tous les plébiscites, et de ne pouvoir encore ni penser librement, ni travailler à notre guise, ni vendre à nos prix. Nous voudrions, s'il était possible, en finir avec les vérités convenues et vivre de la vérité vraie, qui est le propre aliment de l'homme. Nous n'obtiendrons pas de sitôt la suppression de la conscription ; les concordats tiennent bon, quoique ébranlés ; l'art. 8 de la loi du 17 mai 1819 sera maintenu, demain, à une forte majorité ; mais conscription, concordats et délits de presse ont contre eux les télégraphes, les chemins de fer, la chimie — reine des enchantements — et le peuple ; l'instruction obligatoire fait des progrès de géant, même parmi les conservateurs ; les articles 414, 415 et 416 du Code pénal sont abolis ; quant aux anciens amis du libre-échange, ils l'acceptent en principe et ne demandent qu'à atermoyer.

« Nous avons le marché commun en attendant la paix universelle. La révolution pratique succède à la révolution théorique. »

Ce manifeste, que l'Internationale n'aurait pas désavoué, est de la plume de M. JULES SIMON (*le Libre-Échange*, préface) (1).

---

(1) La section de l'Internationale anglaise de Nottingham ayant envoyé à M. Stuart Mill une brochure intitulée : *The law of revolution*, le philosophe anglais, en remerciant, reconnaissait plusieurs bonnes choses dans les tendances de l'Association et a ajouté que le mot de révolution n'avait en anglais que le sens des bouleversements accomplis, et qu'il serait à regretter que les ouvriers anglais, en se rapprochant des ouvriers français, leur empruntassent le sens le plus fâcheux de ce mot.

I.

LA CLASSE OUVRIÈRE.

Un maître d'hôtel à Anvers me disait :

— J'ai été dix-huit ans ouvrier maçon et je vous déclare que l'Internationale a raison. Je suis propriétaire aujourd'hui, mais il a fallu passer par le travail et les privations des ouvriers pour savoir ce qu'il en est. Du temps de Louis-Philippe, en France comme en Belgique, la situation de l'ouvrier était pire que celle d'un esclave. Nous avions un franc par jour, nous étions logés plusieurs ensemble et l'on payait 25 centimes par jour. Ceux qui avaient de la chicorée le matin s'appelaient *en plein café*, les autres n'avaient que de l'eau chaude pour s'en faire. On était courbé toute la journée sur son travail, c'était aux chemins de fer de l'État. Malheur à celui qui se redressait un peu : l'inspecteur l'agonisait de sottises : — Fainéant, lui criait-il, veux-tu bien ne pas flâner ? Quand on était content de nous, on nous apportait à la fin de la journée un bon d'un demi-pain. C'est tout ce que nous avions à manger. Et que ce bon se faisait attendre, surtout lorsqu'il pleuvait ou neigeait et que nous étions transis de froid ! On eût dit que l'inspecteur y mettait de la mauvaise volonté et

cela ne pouvait se faire autrement. Les ouvriers men-
diaient; les pantalons retroussés, les pieds dans la
boue, ils étendaient les deux bras pour attendrir les
passants. L'Empire a beaucoup fait pour l'amélioration
de l'état des ouvriers, les gages se sont accrus jusqu'à
2 francs 50 centimes par jour. Je passai alors en France,
je devins entrepreneur à mon tour et en construisant
des chemins de fer à mon compte, j'ai fini par acquérir
la maison que vous voyez, mais je me souviens de l'état
de l'ouvrier et si je porte plus que mon âge — 45 ans —
c'est grâce à ce que j'ai enduré comme ouvrier. Je ne
refuse rien pour l'instruction de mes enfants, mais que
voulez-vous que l'ouvrier fasse pour celui des siens ?

Que l'état de l'ouvrier aille donc en s'améliorant,
rien de plus juste, que les riches payent.

— Mais les riches ne portent pas plus de souliers ou
de chapeaux que les pauvres, lui ai-je répondu, et ces
articles ne peuvent renchérir à l'infini.

—Il y a deux mille ans et plus que l'ouvrier travaille de
père en fils, repartit mon interlocuteur, les doigts lui sor-
tent des souliers et il marche dans la pluie et la neige
avec des chaussures trouées. C'est lui ou ses pères qui
ont construit les palais des riches et il n'a pas toujours
du pain à rapporter le soir à sa femme et à ses enfants.
De l'instruction, il n'en reçoit pas : serf, il est à l'état
de bête brute. Quand il a 50 centimes et qu'il les boit,
le riche crie : — Voyez-vous ce cochon d'ouvrier qui se
soûle ! et lui-même il boit du champagne ou mange
avec des filles des 200 francs dans une soirée. Ces filles,
c'est le peuple qui les fournit et demandez d'où vient la

fortune des riches? L'un a fait le commerce des esclaves, l'autre celui de l'ivoire. *Finder*, *Gründer*, *Schinder* sont les noms qu'on donne en Allemagne à l'inventeur, entrepreneur et exploiteur. Tirer l'argent de la poche des actionnaires, payer des dividendes avec le capital sont de « grosses fautes » qui assurent aux coupables des coupés et des coupons de toute sorte, mais que l'ouvrier vole de quoi se vêtir ou se nourrir, la voiture cellulaire le transporte en prison, où il se trouve dans une atmosphère de perdition.

Un patron qui est à la tête d'une fabrique de passementerie, questionné à son tour, me dit :

— L'Internationale ne fait pas ici son chemin, il n'y a que quelques soulards qui se réunissent dans un bouchon, c'est que patrons et ouvriers sont sages ici. Les miens savent ce que je gagne et sont persuadés que je ne puis pas payer davantage; s'ils faisaient les mauvaises têtes, je fermerais la fabrique et ils resteraient sur le pavé. Les autres patrons en feraient autant parce qu'ils ont de quoi vivre. La preuve que les maîtres ne sont point méchants chez nous, c'est que tous nos richards gardent leurs vieux domestiques et leur payent leurs gages comme par le passé. Il y en a qui en ont sept ou huit qui ne leur servent qu'à faire quelques commissions. Nos ouvriers sont payés à la tâche et non pas à la journée, ce qui fait que le bon gagne plus que le mauvais, et ce n'est que justice.

Les conseils de prud'hommes sont faits pour aplanir les contestations qui peuvent s'élever sur les prix des travaux livrés et ils atteignent généralement leur but.

Il y a les chambres syndicales des patrons et celles des ouvriers qui veillent chacune aux intérêts de leurs commettants, mais au lieu d'être conciliatrices, elles sont plutôt hostiles. Il y a les sociétés coopératives qui sont l'association des ouvriers pour l'exploitation d'une industrie donnée ; plusieurs de ces sociétés ont bien pris et ont réalisé des épargnes qui assurent les membres contre les infortunes qui frappent la classe ouvrière, mais la simple admission aux bénéfices promet des résultats satisfaisants sur une grande échelle.

L'ouvrier qui participe aux profits du maître s'intéresse à son succès, ne l'envie ni ne le hait, redouble de zèle et ne se plaint plus contre l'impossible.

Les ouvriers français sont dans une situation meilleure que ceux des autres pays, où l'on ne se repose pas les lundis, mais les cités ouvrières qu'on n'a fait que recommander en France s'élèvent en Angleterre.

C'est le sort de la femme qui est surtout à plaindre. Il est reconnu qu'elle ne peut pas vivre de son travail et les gens qui croient avoir tout dit en disant : « Elles n'ont pas que cela pour vivre » méritent le mépris public.

Avez-vous observé comment les bouchers, les épiciers, les charbonniers traitent leurs ouvriers en France ? Au martinet près, comme les planteurs traitent leurs esclaves.

II.

LE CONGRÈS DE LA HAYE.

Le Congrès de la Haye a été un *fiasco* pour l'Internationale, car il n'a pas trouvé d'écho dans le peuple hollandais. On a bien écouté, mais quand il s'est agi de payer, *talen*, le Hollandais n'a pas entendu de cette oreille et n'a versé que *sept florins* à la caisse de Karl Marx. — Ah! disait-il, si c'était une œuvre nationale, nous aurions donné notre dernière obole.

La maison d'Orange continue à être très-populaire dans les Pays-Bas et l'on y croit qu'on est en possession de la meilleure république possible. Le cabinet est libéral et il n'y a que les jésuites, dont le nombre s'accroît par les proscriptions décrétées contre cet ordre en Allemagne, qui sont à la tête de la réaction. Le droit de réunion étant assuré aux nationaux et des nationaux se mettant en avant, louant la salle en leur nom pour le Congrès, on ne pouvait interdire ce dernier. Restait la faculté d'expulser des étrangers « dénués des moyens d'existence; » mais du moment qu'ils pouvaient exhiber les fonds nécessaires pour passer une semaine à la Haye, il fallait les laisser tranquilles aussi, et il ne restait à M. le comte de Gabriac qu'à exhiber ses grands favoris dans une loge de théâtre où la troupe lyrique française débutait en même temps que s'ouvrait le Congrès.

— Que pensez-vous de l'Internationale ? demandai-je à un de ces artistes.

— Mais, je crois que c'est une œuvre philanthropique. Nous-mêmes, nous aurions beaucoup mieux aimé nous mettre en société que d'avoir un directeur qui, la première chose qu'il fait, est de mettre la subvention dans sa poche.

Le gouvernement avait commencé par consigner les troupes dans les casernes et par faire venir du renfort : un bataillon et un escadron d'Amsterdam. Mais dès le 3 septembre, il vit que ses craintes étaient exagérées. Les attroupements devant la salle de l'*Harmonie*, Lombard Straat, ne méritaient pas le nom d'attroupements et deux policemen placés à la porte suffisaient parfaitement pour contenir la foule et pour maintenir l'ordre (1).

A la première séance publique, Ranvier et Longuet crurent flétrir les ministres de France en les appelant infâmes, et comme on est sûr d'avoir raison quand on parle tout seul, il n'y eut personne pour leur demander en quoi le général Trochu entouré de cadavres à Cham-

---

(1) Les Hollandais sont des hommes d'affaires avant tout. Néanmoins, il était drôle d'entendre le maître de l'hôtel Tuinenburg dire d'abord que les gens qui fréquentaient la *Harmonia* ne méritaient pas d'être foulés aux pieds, puis lorsque les Internationaux descendus chez lui eurent soldé leurs notes, il disait : — Ce sont ma foi de braves gens.

Les garçons d'hôtel se proposaient d'entrer en grève pour

pigny était plus infâme que les gardes nationaux de Belleville et de la Villette qui se sont tenus à distance des baïonnettes prussiennes. L'intervention du représentant de France aurait été motivée par ces invectives et il est certain qu'il a été signifié au Congrès de ne plus s'occuper de politique étrangère. Il multiplia alors ses séances secrètes qui sont une violation du droit de réunion reconnu seulement aux assemblées publiques. La division éclata entre les membres eux-mêmes, les fédéralistes demandèrent qu'on se renfermât dans les grèves, les politiqueurs qu'on s'occupât de politique et les blanquistes prouvèrent encore une fois qu'ils ne peuvent vivre en intelligence avec personne. Comme on se sentait mal à son aise à la Haye, on alla à Amsterdam, où l'ovation n'eut rien de magnifique, et le Congrès finit en queue de poisson.

Le nouveau Conseil général doit siéger à New-York.

Pendant qu'on discutait la question de savoir si M. Van der Hout avait à Amsterdam une aussi mauvaise réputation que M. Lion, rédacteur du *Dagblad* à la Haye, j'allai voir le château, et en entendant le gardien dire : « Voilà le lit où couche le Roi ; — voilà le

---

forcer les maîtres à leur payer le service qu'on porte en note, mais qui n'entre pas dans les poches des domestiques.

La civilisation des Pays-Bas est si ancienne qu'elle conserve encore plus d'une trace de barbarie. J'ai vu à une kermese, à Delft, des hommes porter gaiement une chemise de femme tachée. En Russie, pays qui passe pour être barbare, il y a plus de respect pour la pudeur publique ; les idiotes qui marchent dans les villages en chemise, sont gardées par les paysans pour qu'elles ne se montrent pas pendant leurs époques.

balcon où le Roi se montre au peuple, » je me deman-
dai s'il y aura toujours un troupeau et un seul berger ?
J'appris que le Roi Louis avait converti cet Hôtel de
Ville en palais, et les meubles du premier empire qui
l'ornent ne brillent pas par leur bon goût. Par contre,
avec quelle vénération n'ai-je pas contemplé les dra-
peaux espagnols enlevés par les confédérés pendant la
guerre de l'Indépendance ! On a beau prêcher le cosmo-
politisme, mais de toutes les libertés, la plus sainte,
c'est celle qui secoue le joug étranger, qui a renversé
l'Inquisition et conquis le droit de penser.

L'Internationale a dépensé 25,000 francs pour le
Congrès de la Haye : les 72 délégués ont eu plus de
300 francs chacun pour frais de déplacement et il y a
eu des frais généraux (1).

S'il est vrai que le gouvernement français a envoyé
quatre agents, il aura dépensé 2,000 francs.

Les cris d'*Oranje boven*, vive le Roi Guillaume, à bas
l'Internationale ! n'ont pas dominé les cris de « vive l'Internationale ! » La police allemande avait envoyé
quelqu'un de très-reconnaissable parce que dans son
enfance, les cochons avaient mangé la moitié de son
visage. La Russie n'avait pas trouvé de Russe et s'est
contentée d'un étranger. L'*Indépendance belge* a eu un
correspondant dont les lettres ont été reproduites par
beaucoup de journaux belges, mais ses premières lettres ne valaient pas ses dernières. Comme il y avait
deux bureaux de sténographie à la galerie, les journaux

---

(1) La salle *Harmonia* n'a été payée que soixante-trois francs.

n'ont pas manqué de renseignements, mais leurs appré-
ciations ont beaucoup varié et certains d'entre eux ont
prétendu qu'on s'était battu à une séance secrète. Il n'y
a eu qu'un délégué anglais rappelé à l'ordre pour avoir
trop vertement traité l'association jurassienne.

Le ministre de l'Intérieur hollandais, interpellé à la
Chambre, a déclaré qu'aucune puissance étrangère ne
s'était opposée à la réunion du Congrès.

III.

LA SECTION RUSSE.

Bakounine et Outine ne sont plus rien à l'Internationale et la section russe n'y figure plus. Bakounine a-t il agi en ambitieux ou en brouillon ? Quand on songe à sa vie passée, à sept années passées à la citadelle de Schlüsselbourg , à la condamnation capitale qui l'a frappé en Saxe et en Autriche, aux fers dont il a été chargé lors de son extradition à la Russie, on convient qu'il ne pouvait s'effacer complétement devant Karl Marx ou le Conseil général et devait vouloir conserver une certaine liberté d'action; mais de là à contrecarrer le Comité en tout, à faire bande à part, il y a loin. — Il est aussi impossible de marcher avec lui, disait un affidé de Karl Marx, qu'au soleil de marcher avec la lune. S'il ne s'agissait que de faire de la propagande en Russie, on peut dire avec des Internationaux : A quoi bon ? Mais la Russie est le seul pays qui vit sous le régime communal. Il y a près de quarante millions d'hommes qui y sont communistes de temps immémorial, et sans doute que l'Internationale ne se soucie pas que le monde sache que les mille ans de la Commune russe n'ont pas avancé d'un pas le paysan russe qui est resté à l'état primitif de barbarie et de misère, ce qui prouve que la propriété individuelle est la condition *sine quâ non* de tout progrès. On n'invente ni n'améliore rien pour le profit collectif, on ne travaille que mal quand on ne récolte pas soi-même le fruit de son travail. Les communes russes n'ont jamais su se fédérer entre elles, aussi ont-elles été le *berceau du despotisme et la tombe de la liberté*. Nous n'avons cessé de le répéter dans tous nos écrits. S'il en avait été autrement, l'autocratie ne les aurait pas soufferte. Si elle a pu convertir des communes en colonies militaires, elle ne se serait pas souciée des révoltes qu'elle aurait provoquées en s'attaquant de front au principe communal, si celui-ci lui était hostile. Mais elle n'y a jamais trouvé qu'un instrument docile de sa volonté. Quant à la juridiction communale et à l'éducation, elles sont restées plus que patriarcales, et ce n'est que depuis la réforme qu'il y a une certaine collision.

Il n'y a, comparativement à d'autres États, que peu de fabriques en Russie et les grèves ne peuvent y avoir que peu de prise.

S'il est vrai que MM. Bakounine et Joukowsky n'ont fait que compromettre les innocents en leur envoyant des invitations à l'Internationale, celle-ci a bien fait de rayer la section russe, et il est évident que ces messieurs n'ont bien mérité que du gouvernement en agissant de la sorte.

Les principes révolutionnaires ont peu de prise sur la Russie. Nous avons vu 65,000 alliés débarquer en Crimée, défier toute la puissance du colosse du Nord et faire tomber Sébastopol. S'ils avaient poussé en

Pologne, ils auraient été les maîtres de tout l'Empire. L'armée russe, forte de 1,200,000 hommes, mal armée et encore plus mal commandée, courait d'un coin à un autre de ce vaste empire, ne sachant d'où viendrait l'attaque et semant d'ossements les mauvaises routes qu'elle parcourait. Une flotte a été submergée et une autre s'est cachée. Tout cela a pu s'accomplir sans provoquer un changement de dynastie ou de régime ! Dans tout autre pays, tant d'incurie et d'incapacité auraient provoqué un bouleversement général. En Russie, il n'y a eu qu'un changement de monarque. L'émancipation des serfs a entraîné la ruine de la noblesse qui avait cependant bien mérité de la patrie ; le pays s'est couvert de chemins de fer, mais les malversations de tous genres ont pullulé et la volonté d'un seul a continué de faire loi à 80,000,000 d'hommes. Quel rôle veut-on que la Russie joue désormais à côté de l'Allemagne ? Elle a sacrifié le panslavisme et attend que sa puissante voisine lui fasse la loi ; trop heureuse si elle lui permet de prendre quelques lambeaux de terre dans l'Asie centrale dont elle n'a que faire. Un gouvernement qui ne sait que prendre aux travailleurs pour donner aux fainéants est un gouvernement condamné à périr.

Les classes moyennes en Russie ont beaucoup de sympathie pour les doctrines de l'Internationale, et il serait temps de repousser le nom de *nihilisme* qui leur a été donné par un romancier russe. Il est évident que c'est le communisme qui veut substituer la propriété collective à la propriété individuelle.

La section polonaise de l'Internationale est une section sérieuse. Les Polonais, qui se sont figurés que leur patrie ne peut être rétablie que par le bouleversement social de l'Europe, se sont jetés dans l'Internationale à corps perdu. Tous ceux d'entre eux qui ont combattu pour la Commune n'étaient pas de l'Internationale, mais ils ont tous payé de leurs personnes, à commencer par Dombrowski qui a trouvé la mort, Okolowicz qui s'est sauvé de la prison de Versailles, jusqu'à onze Polonais qui ont été passés par les armes au Luxembourg. Wrobleski et Fraenkel trouvent des moyens d'existence par l'Internationale, et s'il n'y a pas de grèves à faire en Pologne, il y a l'élément révolutionnaire à entretenir dans les pays voisins ; mais tout ce qui vient des Polonais est suspect aux Russes et est repoussé d'avance.

Bakounine n'est pas resté oisif depuis son expulsion, il a convoqué à Saint-Imier, canton de Berne, une ligue européenne à laquelle ont pris part Aleriné et Marago pour l'Espagne, Malatesta, Nabruzzi et Favelli pour l'Italie, Pindy et Cancel pour la France, Lefrançais pour l'Amérique. Après deux jours de discussion, il y a été posé en principe que c'est faire œuvre réactionnaire et insensée que de vouloir imposer un programme politique uniforme au prolétariat de tous les pays, que le premier devoir est LA DESTRUCTION DE TOUT POUVOIR POLITIQUE : toute alliance avec la bourgeoisie politique doit être réprouvée.

La société-mère se mourant en Amérique, les fédéralistes ne feront pas triompher l'anarchie.

IV.

LES FEMMES.

L'Internationale a pris aussi en mains la cause des femmes. De l'Amérique comme de l'Angleterre il arrive des délégués qui demandent l'émancipation de la femme. Il y a quelque chose à prendre et beaucoup à laisser des exigences formulées. Aux États-Unis, les femmes servent de garçons dans les hôtels (à Brooklyn), de barbiers (National Hôtel à New-York); en Hollande, au contraire, les hommes remplissent une quantité de fonctions qui seraient aussi bien et mieux peut-être remplies par des femmes; même à Paris, on s'est plaint à juste titre pendant le siége que des hommes vigoureux, au lieu de manier le mousquet, maniaient le sucre et la mélasse chez les épiciers, où des femmes auraient pu le faire aussi bien. En Russie, où la population est in-suffisante, les femmes remplissent dans les champs les travaux les plus rudes. Sur la Mer Blanche et les ri-vières adjacentes, le gouvernail des navires et des ba-teaux est souvent confié à des mains de femmes. En Suède, j'ai vu des femmes remplacer les cochers ou les postillons. On les a admises en Russie aux télégraphes, et l'on ne s'en trouve pas mal. Elles peuvent sans doute

aussi être employées aux postes des lettres. Il vient
d'être permis aux femmes en Russie d'apprendre et de
pratiquer la médecine, et il y en a qui s'en acquittent
mieux que leurs confrères masculins. Aux États-Unis,
elles veulent siéger au Congrès, et certainement qu'elles
le feraient avec plus de convenance que les membres
qui posent leurs pieds sur les bureaux, chiquent le
tabac et se disent des sottises. Elles demandent à être
avocats, et il y a des causes qu'elles plaideraient mieux
que des avocats peu consciencieux ou de peu de talent.
Le mariage civil n'a pas encore pénétré partout; cependant, en Russie, la femme reste maîtresse de sa fortune,
et l'on a vu une dame mettre son mari en prison pour
ce qu'il lui devait. On demande des contrats de mariage de courte durée, ce qui conduit à la communauté
des femmes, régime qui a été pratiqué pendant la première Révolution dans une île de la Loire, et que les
sauvages des îles Canaries ont suivi sur une grande
échelle.

Mais il est un point sur lequel il est bien temps d'appeler l'attention des philanthropes de tous les partis,
c'est la prostitution. Comment l'Internationale n'a-t-elle
pas encore songé à constituer une grève des femmes to-
lérées? C'est en Angleterre et aux États-Unis que cette
partie est la plus tolérable; c'est en Russie, qui marche
en tout sur les traces de la France, qu'elle est révoltante.
Ces femmes sont pour ainsi dire hors la loi, hors la société, parce qu'elles servent aux besoins animaux de l'ê-
tre fort qui peut se permettre envers elles tous les mauvais traitements possibles. C'est surtout à la foire de

Nijni que nous arrivent les plaintes les plus amères à ce sujet. Pendant le temps qu'elle dure, l'orgie des marchands ne discontinue pas, et l'intervention de la police donne toujours raison à la partie payante. Nous appelons sur ce point toute l'activité des femmes qui ont à cœur l'avenir de leur sexe. Il faut commencer par le plus pressant. L'Internationale ne voudrait-elle pas soutenir une grève de ce genre? Elle n'a pas voulu admettre un délégué qui était partisan de l'amour libre. Donc elle veut conserver un certain décorum et ne pas rompre avec la morale. Ses libres penseurs sont pour la morale indépendante de la religion ; adeptes de la création spontanée, ils ne voient pas la nécessité d'admettre *l'hypothèse* de Dieu. Les femmes comme impures ne sont pas admises à l'autel dans certaines églises, mais il y a une secte réformée qui les autorise à célébrer le baptême.

Il est cependant des femmes honnêtes qui disent que la société est sauvegardée par la manière dont on traite les prostituées et qu'on a mille fois raison de les traîner dans la boue. C'est le cas de rappeler la Madeleine et son juge divin. Dans le nombre de ces femmes dégradées, il y en a beaucoup qui n'ont été que les victimes des forts et les dupes de leur bon cœur.

Depuis l'avénement aux affaires des amis de Mabille, la prostitution a pris à Berlin des proportions inquiétantes.

A voir la manière dont les choses marchent dans ce monde, on dirait que ce sont les femmes et non pas les hommes qui gouvernent, et c'est en effet ce qui a lieu.

V.

DES MOYENS DE COMBATTRE L'INTERNATIONALE.

Il ne suffit certainement pas de prendre le signalement des communeux qui en font partie. Il y a un album des portraits coloriés de ces citoyens qui a paru à Paris, et si la vente y est défendue, on en trouve encore quelques exemplaires en province.

La loi qui a proscrit cette Association, qui frappe de peines sévères quiconque en fait partie atteint-elle son but? Les citoyens du monde, de la République universelle se soucient peu de perdre leurs droits dans leur pays natal, persuadés qu'ils sont de les retrouver en cas de triomphe de leur parti. Si tous les gouvernements étaient d'accord, l'Internationale serait réduite à n'être plus qu'une Société secrète, mais tant qu'il y a des États qui lui donnent asile, elle peut marcher la tête haute.

Il ne suffit donc pas de faire comme l'autruche, de se cacher la tête et de ne pas voir son ennemi pour que celui-ci n'en agisse à sa façon. Si l'on pouvait empêcher les fonds d'affluer à l'Internationale, ce serait différent, mais l'argent a trente-six moyens de passer à l'étranger. Il faudrait surtout faire des choses bonnes et utiles qui assurent le bien-être de tous et augmentent la prospérité de chacun. Il y a bien longtemps qu'on répète que l'industrie en France est en coupe réglée de monopoles et ce sont toujours les monopoles qui augmentent et non pas la liberté du travail.

L'instruction publique laisse tout à désirer. Les réformes qui s'opèrent sont imperceptibles et les lacunes se jettent à tous les yeux. C'est l'instruction professionnelle, spéciale, qui laisse le plus à désirer et non pas l'instruction classique. Il ne s'agit pas de faire admirer à l'artisan *les pages* de Rubens ou de Virgile, il s'agit de lui enseigner la géographie et tout ce qui touche à son métier. On nous promet que tout le monde parlera sous peu l'anglais ou l'allemand en France. Nous avons pris note de cette promesse, mais nous ne croyons pas à sa réalisation. L'instruction obligatoire en Prusse fonctionne depuis soixante ans, il n'est pas facile de l'atteindre. L'instruction supérieure, universitaire, existe en Allemagne depuis des siècles et l'on ne songe seulement pas à fonder en France une université à l'allemande, mais l'Allemagne, nous dit-on, sera bouleversée par le socialisme. Je n'en crois rien.

Si l'instruction obligatoire avait existé en France depuis Turgot, son histoire aurait eu un autre cours. On n'aurait peut-être pas guillotiné Louis XVI, coupable d'avoir eu Louis XV pour grand-père et Henri IV pour aïeul, Marie-Antoinette une femme, Madame Élisabeth qui n'y était pour rien; la Terreur n'aurait pas présenté les scènes odieuses qu'elle a offertes; on aurait eu moins d'engouement pour le génie de la guerre, plus de constance dans la voie politique, plus de conséquence dans les réformes; *de cœur léger* on n'aurait pas fait descendre la France de son premier rang.

M. Jules Simon n'a vu qu'une seule face de l'immense création de l'instruction publique en Prusse que Cousin avait mieux approfondie. Il est resté à la surface et n'a introduit que des palliatifs qui ont troublé seulement l'ancienne harmonie. La routine est restée la même et la science n'est pas devenue cosmopolite. Il est vrai que M. Jules Simon ne fait pas ce qu'il veut, mais il fait ce qu'il peut.

Quand Proudhon a dit que la propriété est le vol, il a été réfuté, mais personne n'a renversé l'argument de Napoléon Ier que le commerce est un vol organisé. On se plaint beaucoup de ce qui se passe aux ventes publiques à Paris, mais du moins on n'y vend pas du cuivre pour de l'or et du métal blanc pour de l'argent, comme cela se pratique à Londres et à New-York, où les enchères ne sont pas contrôlées.

La moitié du genre humain dupe ou trompe l'autre moitié, mais cela s'appelle beau jeu, *fair play*, et toutes les Internationales possibles ne feront pas disparaître l'exploitation de l'homme par l'homme. Toutes les promesses de ce genre ne sont que des promesses.

Par contre, il y a des nationalités trop exclusives, la naturalisation en France pourrait être plus aisée et plus large. Que d'étrangers ont versé leur sang pour la France pendant la dernière guerre et n'ont pas été naturalisés! Il n'y a pas d'exemples de droits de citoyens honorifiques ou offerts *ex proprio motu*, comme cela arrive souvent en Angleterre. Attendre l'autorisation du gouvernement dont un homme politique dépend pour le naturaliser, ce n'est ni indépendant ni digne. Précisément parce que les opinions d'un homme ne vont pas à un pays et vont à un autre, qu'il n'y a pas d'acte d'hostilité de la part de ce dernier à l'accueillir. Le droit d'asile qui se borne au refuge est un droit trop étroit et le subside qui ne donne qu'un morceau de pain au réfugié ne lui donne pas le droit d'être utile à son pays adoptif.

Il faut que les étrangers soient chez nous comme chez eux, afin qu'à notre tour nous soyons chez eux comme chez nous, est la devise internationale.

L'Internationale a eu une vingtaine de journaux, dont *l'Internationale* et la *Liberté* en Belgique, l'*Égalité* à Genève sont les plus importants; *Die freie Wacht* est l'organe de ce parti dans la Suisse allemande, *Te Werker* l'est en Hollande. En France il n'y a pas de journal spécial pour combattre cette vaste publication. Il a été question de fonder une Société antiinternationale, mais les journaux de l'Internationale, y compris le *Bulletin jurassien*, étant interdits en France, il n'est pas possible de les suivre et de les réfuter. (Voyez *le Congrès de l'Alliance universelle de l'ordre et de la civilisation*, tome Ier.)

VI.

LA LIGUE DE LA PAIX ET DE LA LIBERTÉ.

Cette ligue, qui a siégé en 1871 à Lausanne et cette année à Lugano, est une succursale de l'Internationale. Karl Marx n'en est pas le président, il en est *l'ami*. Elle veut la paix, la République universelle et sociale, mais le *Peace-congress* est tombé dans le ridicule avec des hommes comme Richard Cobden, Victor Hugo et Émile de Girardin. M. Lemonnier ou Mme André Léo ne le relèveront pas. S'ils veulent la paix, pourquoi n'ont-ils pas empêché la guerre en 1870? Si les ouvriers leur obéissaient, que n'ordonnaient-ils aux 12,000 balayeurs de Paris, tous Allemands, de rester à Paris et de ne pas rejoindre l'armée allemande? L'émigration d'Allemands en Amérique est devenue plus forte que jamais; les habitants des pays annexés préfèrent s'expatrier que de se soumettre au service militaire prussien. Apparemment l'Internationale n'est pour rien dans la grève des sous-officiers de Hesse-Darmstadt; mais pourquoi ne provoquait-elle pas le refus de l'impôt de sang en temps opportun, pour empêcher ce sang d'avoir coulé à flots?

Si les ouvriers allemands lui étaient subordonnés, en

se retirant du service, ils auraient rendu la *Landwehr* impossible et par conséquent la guerre aussi.

Victor Hugo a écrit au Congrès de Lugano la missive suivante :

L'équilibre rompu d'un continent ne peut se reformer que par une transformation. Cette transformation peut se faire en avant ou en arrière, dans le mal ou dans le bien, par le retour aux ténèbres ou par l'entrée dans l'aurore. Le dilemme suprême est posé. Désormais il n'y a plus de possible pour l'Europe que deux avenirs : devenir Allemagne ou France, je veux dire être un empire ou une république.

. . . .

Nous aurons ces grands États-Unis d'Europe, qui couronneront le vieux monde comme les États-Unis d'Amérique couronnent le nouveau. Nous aurons l'esprit de conquête transfiguré en esprit de découverte; nous aurons la généreuse fraternité des nations au lieu de la fraternité féroce des empereurs; nous aurons la patrie sans la frontière, le budget sans le parasitisme, le commerce sans la douane, la circulation sans la barrière, l'éducation sans l'abrutissement, la jeunesse sans la caserne, le courage sans le combat, la justice sans l'échafaud, la vie sans le meurtre, la forêt sans le tigre, la charrue sans le glaive, la parole sans le bâillon, la conscience sans le joug, la vérité sans le dogme, Dieu sans le prêtre, le ciel sans l'enfer, l'amour sans la haine.

L'effroyable ligature de la civilisation sera défaite; l'isthme affreux qui sépare ces deux mers : Humanité et Félicité, sera coupé. Il y aura sur le monde un flot de lumière. Et qu'est-ce que c'est que toute cette lumière? C'est la liberté. Et qu'est-ce que c'est que toute cette liberté? C'est la paix.

Garibaldi à son tour écrit :

Mais ce qui est le comble du scandale, c'est que le pays qui fournit les traîneurs de sabre (*il fomile des traîneurs de sabre*), soit précisément la République française, cette patrie de Voltaire et de Victor Hugo; et ce qu'il y a de plus scandaleux, c'est que *ce minuscule petit tyran, ce Protée qui, aujourd'hui même à Trouville, menace l'Océan à coups de canon, — ce caméléon encore tout souillé de sang*, soit, comme l'homme de Sedan, dévoré du désir de la guerre, au point de jeter la perturbation dans le monde entier et d'obliger les nations à s'armer jusqu'aux dents. C'est là une chose renversante! Et tout cela prouve que notre prétendu siècle de progrès ne sait encore que se payer de mots creux.

. . . .

Comme Bonaparte, *Thiers est l'homme du mensonge. Comme lui, il s'est élevé sur une montagne de cadavres, les cadavres d'un peuple généreux.* Le premier a fait la guerre à la Prusse pour échapper au châtiment de la justice. Le deuxième s'est enfui de Paris, tremblant et *accablé du mépris public.*

La République universelle n'est pas une idée nouvelle, c'était le but du Comité démocratique européen et du club de la Fraternité des peuples, mais est-elle conforme avec la *liberté* qui est le but de la Ligue? Les Anglais veulent rester comme ils sont ; précisément pour ne pas faire comme les Yankee, ils veulent avoir un gouvernement *gentlemanlike*. Les Hollandais s'accommodent très-bien du régime sous lequel ils vivent (1). La Belgique est bien administrée, elle a assez de liberté pour son tempérament, et le régime républicain serait trop vif pour elle. En Allemagne, *l'empire* sera long-temps le synonyme de la puissance et de l'union, et si les Russes veulent être battus par leurs tzars, cela ne regarde qu'eux. Le président honoraire de la Ligue, le général Garibaldi, veut-il se brouiller définitivement avec le roi qu'il a surnommé *galant homme?* Puisqu'il est l'idole de l'Italie, il pourra la mettre en république, mais le socialisme sera plutôt un empêchement, et déjà le contre-congrès de Rimini prouve que ce pays ne

(1) Il n'y a qu'un seul journal républicain dans les Pays-Bas, et encore n'est-il pas radical.

marche pas d'accord avec le Conseil général de l'Internationale.

Pour arriver aux États-Unis de l'Europe, il faut commencer par fonder des unions séparées. Nous avons celles de l'Allemagne et de l'Italie qui ont été facilitées par l'unité de langue dans chacun de ces pays, ce qui prouve que le panslavisme ne sera pas aussi aisé à obtenir que le pangermanisme, le Russe ne comprenant pas le croate, ni le Tchekh le polonais; il y a entre ces langues la même différence qui existe entre l'allemand et le hollandais ou l'allemand et l'anglais. Le prince de Bismark ne veut fédérer que les peuples parlant la même langue, l'Internationale serait-elle moins circonspecte? L'Union des races latines est pour cette même raison comme pour d'autres difficile à réaliser.

Il n'y a qu'un seul État cosmopolite, ce sont les États-Unis d'Amérique, et encore seront-ils allemands d'ici cinquante ans, grâce à l'émigration toujours croissante des Allemands qui finiront par donner la majorité à leur race dans l'Amérique du Nord.

Les peuples sont des frères, oui, des frères.

Mais les frères sont des ennemis donnés par la nature.

Nous n'avons qu'un seul organe de bienveillance, tandis que nous avons l'organe de la combativité et celui de la destruction. La nature entière présente l'image d'une guerre continuelle, et toujours les petits sont dévorés par les grands. Aucune puissance ne peut empêcher les harengs de servir de pâture aux requins. On a détruit les loups en Angleterre, mais on ne leur applique pas les fusils à aiguille en Russie. A défaut de guerres étrangères, il y aura des guerres civiles, la valeur militaire a besoin d'être entretenue; mais ce serait faire une offense au lecteur que de vouloir lui prouver que la paix vaut mieux que la guerre.

Seulement la ligue dont il s'agit ne veut que remplacer les armées stationnaires par les milices, ce qui ne veut pas dire proscrire la guerre. En généralisant l'état militaire, on ne le réduit pas, au contraire.

Les adhésions de MM. Louis Blanc, Victor Hugo, Michelet, Edgar Quinet, Gambetta, etc., à la Ligue, prêtent indirectement de l'appui à l'Internationale. M. Gambetta a cependant fait ses réserves et a écrit qu'il était national. Les idées de revanche ne porteront pas bonheur à la France. En Savoie, il a dit qu'il fallait aimer son pays, qu'il soit en république ou en monarchie. Faut-il prier le tzar de nous donner quelques coups de *knout* pour nous faire aimer l'autocratie?

La Librairie Internationale (Lacroix et Verboeckhoven) qui éditait les ouvrages de ces grands hommes, y compris M. Jules Simon, a fait faillite pour une somme minime, et tous ces grands hommes l'ont laissé faire. — L'ingratitude est l'indépendance du cœur, disait Roqueplan. C'est aussi le trait distinctif des Républicains, de ceux qui singent les démocrates comme de ceux qui le sont par naissance. L'ostracisme et la Roche Tarpéienne l'ont assez prouvé.

VII.

LES GRÈVES.

Les grèves ont existé en Angleterre depuis qu'elles ont cessé d'y être défendues, sans y causer de bien graves perturbations, et la *Trade's Union* a été l'association qui dirigeait les suspensions de travail et les alimentait de fonds. C'est là l'idée-mère de l'Internationale, qui a donné un plus grand développement aux grèves et les a transportées sur le continent. On se rappelle la surprise qu'a causée à Paris la grève des cochers. Les citadines de louage disparues de la circulation, mylords et fiacres devenus aussi introuvables, il a fallu transiger.

Est venue ensuite la grève des commis de commerce qui a fait long feu. Il y a eu des employés qui sont restés en place malgré les affronts qu'ils recevaient de leurs camarades qui avaient quitté les magasins, ensuite on en a fait venir de province qui étaient insuffisants sous plusieurs rapports, et finalement on a engagé une quantité de femmes qui ne font peut-être pas le service aussi bien, mais qui le font tout de même. L'admission aux bénéfices a désarmé définitivement cette grève, à laquelle le commis au détail est naturellement disposé, ne gagnant que 50 fr. par mois à Paris, où le chiffre des commis de commerce se monte à trente mille.

La grève du Creusot a été la plus formidable en France et a jeté la perturbation et l'épouvante dans les esprits. Elle a été spécialement dirigée contre M. Schneider, président du Corps législatif et propriétaire principal des mines. Elle a coûté à l'Internationale des sommes prodigieuses, mais elle a été écrasée par les baïonnettes, et les principaux meneurs ont été traduits devant la justice.

On ne peut donc pas dire que le gouvernement a ignoré l'existence de l'Internationale, mais il ne s'en rendait pas un compte exact, et lorsque des troubles ont éclaté à Paris lors de l'enterrement de Victor Noir, il a cru devoir les attribuer aux orléanistes, voire même à la Russie.

L'Internationale, arrivée au pouvoir à Paris avec la Commune, avait trop à faire pour régler la question des salaires. Les ouvriers boulangers refusèrent cependant de travailler la nuit et les habitants ont dû se contenter de pain rassis à leur premier déjeuner.

Les rapports patriarcaux des maîtres et ouvriers en Suisse n'ont pas échappé à l'action dissolvante de l'Internationale. A Genève, comme à Bâle, on a été obligé de passer par les conditions de l'Association des Travailleurs. A Turin, 25,000 hommes de troupes n'ont pas empêché les salaires des maçons d'être élevés de 25 centimes l'heure. Cependant, dans le nord de la France, on a tué la grève des houillers en menaçant de

tuer ces grévistes, mais c'est en Angleterre que les grèves ont pris une extension colossale sous la pression de
l'Internationale. A Newcastle et à Leith, les maîtres ont
résisté longtemps, mais. dès qu'ils ont cédé, il a fallu
en faire autant sur tous les points du Royaume-Uni.
Des ouvriers en bâtiment ont reçu 6 shillings par jour
jusqu'à ce qu'ils l'aient emporté. La grève s'est étendue
jusqu'aux ouvriers agricoles et a pris toute l'amertume
des plus mauvais jours. Celle des boulangers n'est ter-
minée que pour se relever peut-être bientôt et les in-
dustriels qui ont conclu des compromis sous l'influence
d'une hausse momentanée des prix ne peuvent que se
trouver très-embarrassés lorsque cette hausse aura dis
paru.

On a longtemps cru que l'Internationale avait des
ménagements à garder envers la Prusse et que le
prince de Bismark la protégeait sous main, mais si le
chancelier d'Allemagne fait de la propagande pour l'Association des Travailleurs, c'est bien malgré lui. Depuis,
les grèves se sont tellement multipliées en Allemagne
qu'il est évident que les socialistes allemands vont plus
loin que M. Lasale, le conseiller de M. Bismark. Ce
dernier est républicain à la façon du tzar qui ne souffre
aussi personne au-dessus de lui.

Dire que les deux Internationales vont se manger
entre elles, ce n'est pas connaître la violence du caractère de Bakounine qui ne fera que raffermir la branche
allemande.

VIII.

LES FRANCS-MAÇONS DE L'INTERNATIONALE.

L'Internationale est une espèce de Franc-maçonnerie, mais les Francs-maçons ne sont pas hostiles à l'Internationale, au contraire, ils soutiennent le faible contre le fort et ils croient que le Christ est un homme et non pas un Dieu. Ils ne sont donc pas chrétiens, puisque le christianisme est l'adoration du Christ. Le Grand Orient de France n'est pas très-catholique, quoiqu'il ait pour membres des hommes pieux, mais c'est surtout en Amérique que les Francs-maçons sont nombreux et puissants. En Angleterre et en Hollande, il ne manque pas de loges, et si les Francs-maçons ont été proscrits en Russie, où les Martinistes surtout ont donné beaucoup de fil à retordre, ils y sont tolérés depuis le règne actuel. Les Francs-maçons sont le contre-pied des jésuites, et il y a des gens qui attribuent tous les événements de ce monde tantôt aux uns, tantôt aux autres. La guerre de Crimée, la guerre d'Italie, la guerre du Mexique sont considérées comme l'œuvre des jésuites qui avaient en effet une grande influence sur l'impératrice Eugénie, la Régente de son époux.

Les Francs-maçons ne sont ni pour le pape ni pour

les prêtres, mais ils ne sont pas athées, tandis que l'Internationale n'est pas déiste, quoiqu'il y ait des membres qui veulent seulement que « l'Église sorte de l'État et qu'on puisse faire chercher le prêtre comme le médecin ou l'avocat quand on en a besoin ou envie. »

Les Francs-maçons ont pour règle de ne pas se mêler de politique, mais il n'y a pas de règle sans exception. Ils sont pour la paix, contre la guerre, comme les quakers et les « Amis de l'Homme » qui ont envoyé une députation à l'empereur Nicolas pour l'engager à ne pas faire la guerre d'Orient, à quoi le tzar a répondu qu'il devait rester fidèle à la religion de ses pères. La Ligue de la Paix et de la Liberté a envoyé une députation à Bordeaux pour remontrer que la guerre n'avait pas de but, tandis qu'elle avait celui de tomber avec moins de déshonneur que ne l'a fait Napoléon III. Lorsque l'Allemagne chantait : « Ils n'auront pas notre beau Rhin allemand, » que la France lui répétait les strophes d'Alfred de Musset : « Nous l'avons eu votre Rhin allemand, » que disait l'Internationale (1)?

(1) On lit dans les journaux :
De temps en temps, M. le ministre de l'Intérieur prescrit aux préfets de surveiller les manœuvres de l'Internationale et de lui rendre compte des entreprises de la démagogie socialiste dans leurs départements respectifs. Il oublie que les préfets et sous-préfets sont privés, par l'hostilité des municipalités, de tout moyen d'information. Les commissaires de police cantonaux ont été supprimés. La gendarmerie, quand on lui demande des renseignements, répond qu'elle ne peut être ni directement ni indirectement chargée d'aucune mission occulte. Le malheureux préfet écrit éploré aux sous-préfets, qui répondent qu'il n'y a rien de suspect....

IX.

L'ANCIENNE ET LA NOUVELLE ÉCONOMIE POLITIQUE.

Les salaires dépendent du rapport de l'offre du travail à la demande du travail, ce qui fait que quand un travail n'est pas demandé, les ouvriers n'ont qu'à mourir de faim ; et s'il est peu demandé, ils n'ont qu'à se contenter de ce qu'on leur donne. Tel est l'axiome reconnu par les économistes anglais qui ne songent pas à y porter remède et trouvent naturel que les hommes meurent de faim. L'économie socialiste songe à remédier à cet état des choses, à émanciper le travail, et l'Internationale spécialement veut y parvenir en constituant l'Association des Travailleurs de tous les pays, afin que, s'il y a grève dans un État, on ne puisse pas tirer des ouvriers d'un autre État.

L'économie politique ancienne ou anglaise est plus progressiste qu'on ne le croit, mais moins qu'elle ne devrait l'être. Elle accepte *l'association* et elle fait une critique plus ou moins détaillée des systèmes socialistes.

La rente, telle que l'a posée Ricardo, est appelée à subir quelques modifications. Elle devient de plus en plus minime comme loyer de cette machine agricole, la terre. Aux États-Unis, le principe révolutionnaire ou socialiste a été consacré par des tribunaux qui ont déclaré que le fermier qui avait payé pendant quatre-vingt-dix ans le loyer de la terre se trouve en avoir payé le montant du prix entier, et peut continuer à en jouir sans aucune redevance. On ne peut pas dire que c'est juste, et ce n'est qu'une atteinte à la propriété. Ce qu'on appelle usure n'est que le taux de la sécurité que présente l'emprunteur. L'Internationale songe à fonder le crédit international; elle deviendra une puissance véritable en y parvenant.

La propagation des machines s'accroît au point que tout le développement de l'industrie ne profite guère aux ouvriers. Ainsi, en France, leur nombre reste stationnaire malgré l'accroissement de la production dans laquelle les machines jouent un rôle considérable.

L'économie politique ancienne tient plus de compte que la nouvelle de la différence des peuples. L'Internationale voudrait les niveler, ce qui de toutes les tyrannies est la plus grande. Il faut tenir compte du développement auquel sont arrivés les peuples, et l'économie politique qui le fait peut s'appeler à juste titre *nationale*. Ainsi la Russie n'est pas arrivée encore au développement où les Provinces-Unies étaient au moment où elles secouaient le joug espagnol, il y a juste *trois siècles*. On ne saurait donc demander à la Russie l'amour de la liberté que ces pays ont étalé au moment où ils ont pris les armes pour conquérir leur indépendance. L'esprit d'entreprise y était plus développé qu'il ne l'est aujourd'hui en Russie. Les Hollandais et les Zélandais couvraient alors les mers de leurs vaisseaux et attaquaient les navires espagnols dans les parages les plus lointains. Ils s'enrichissaient par la guerre et le commerce. Sans la mer ils auraient péri. Pierre Iᵉʳ a vu juste en prenant les Hollandais pour modèles, au commencement du xviiiᵉ siècle, et en les proposant comme tels à son peuple qui n'en a profité que très-médiocrement. L'Empire allemand, en devenant une puissance maritime, en récoltera plus de profit que par l'adjonction de l'Alsace-Lorraine qui sera un grelot attaché à un de ses côtés, pendant que le duché de Posen en est un autre à sa frontière orientale.

Les Allemands ont beau appeler les Français *un peuple de gamins*, ils n'ont pas toujours été vainqueurs. Si les théories avancées ont plus de prise sur les Français et les Belges, c'est en partie parce que les races germaniques ne sont pas aussi avancées en politique. La commune est libre en Suisse comme en Angleterre et aux États-Unis.

En Belgique, non-seulement tous les emplois municipaux sont électifs, mais même les officiers supérieurs de la garde nationale sont confirmés par le roi et l'on y a renversé des municipalités sans produire de commotion dans l'État. Les villageois sont dirigés par les prêtres, mais les citadins commencent déjà à les gagner à d'autres idées. En Suisse, les constitutions des cantons sont ainsi faites, que le changement du personnel amène le changement des principes dirigeants.

L'Église séparée de l'État, aux États-Unis d'Amérique, ne l'est pas encore en Suisse où, cependant, on se soucie de la liberté plus que de l'égalité.

M. de Pressensé, dans une conférence à Nottingham,

a dit que la France faisait le désespoir de tous les hommes pratiques, parce qu'on y fait de l'Église une arme politique et que le libéralisme y est devenu irréligieux. Le professeur Ranke, dans son Histoire de France, va jusqu'à dire que la France ne s'est jamais relevée de la Saint-Barthélemy et de la révocation de l'édit de Nantes qui l'ont privée de la force morale propre à tenir l'équilibre entre les révolutionnaires et les réactionnaires.

M. Casimir Périer, observateur judicieux et homme d'État distingué, dans sa lettre d'Anzin, du 27 octobre, a jeté une grande lumière sur les sociétés coopératives et a démontré que celles qui se sont tenues dans les conditions d'économie et n'ont pas fait de crédit ont prospéré. Les mineurs de la compagnie d'Anzin ont fondé, il y a huit ans, la société de consommation au village de Saint-Vaest, près Valenciennes; elle comptait 50 membres, le capital social était de 1,500 francs. L'année dernière, le chiffre des ventes a monté à près de 1,400,000 francs; celui des bénéfices à plus de 180,000 francs. La société possède une réserve de 94,000 francs; le dividende pour le semestre a été de 12 p. 100.

La société a 2,200 maisons qu'elle loue à des prix réduits; une caisse de dépôt sert 5 p. 100 pour les économies. L'effet moral est tel que les cabarets sont déserts, les dettes supprimées et l'épargne pratiquée et aimée. Le secret des opérations est simple : une famille qui achète des denrées pour 500 francs reçoit un dividende de 60 francs.

X.

LA LIQUIDATION SOCIALE.

Si l'Internationale ne voulait que l'augmentation des salaires, il y aurait peut-être un compromis possible entre elle et certains États ; mais, de grève en grève, elle veut manger l'artichaut feuille par feuille et s'emparer du pouvoir partout. Elle veut mettre tout sens dessus dessous, substituer le gouvernement des ouvriers à celui des bourgeois et mettre les prolétaires à la place des propriétaires. Quand les patrons ne pourront plus céder et élever les salaires, l'Internationale demandera à exploiter les industries par les ouvriers collectifs, et lorsque les prolétaires dégoûtés laisseront tomber les propriétés, l'Internationale les ramassera tout comme elle ramassera les canons qu'on laissera traîner et les couronnes qui tomberont dans la boue. Ainsi que Siéyès disait jadis : — Qu'est-ce que le tiers État ? — Rien. — Qu'est-ce qu'il doit devenir ? — Tout. — L'Internationale dit que l'ouvrier, le prolétaire ne sont rien aujourd'hui et doivent devenir tout. Ce n'est pas une chose ou une autre qu'il lui faut, c'est *tout*. Les salaires ne sont qu'un prétexte, c'est le pouvoir que réclame et convoite cette vaste association.

Certains internationaux disent que si Flourens avait réussi le 31 octobre, il aurait sauvé la France. Aurait-il chassé les Allemands ? Ses chasseurs n'auraient pas opéré ce miracle et les légions excentriques se sont mieux battues contre leurs concitoyens que contre les ennemis de la France. Quant à une connivence entre les Allemands et les Communards, l'enquête l'a repoussée, et si les Allemands n'ont pas permis à l'armée de Versailles de dépasser le chiffre de 50,000 hommes, ils sont restés dans les termes du traité.

L'Internationale dit qu'elle n'a été que faiblement représentée dans la Commune, et la Ligue de la Paix et de la Liberté dit que deux de ses membres ont été fusillés ; Rossel, par le tribunal militaire et Chauvet par les Communards eux-mêmes qui ont voulu le punir d'avoir fait tirer sur le peuple par la fenêtre de l'Hôtel de Ville. Quant aux incendies de Paris, l'Internationale déclare que ce sont les Versaillais eux-mêmes qui ont mis le feu aux édifices dont ils n'ont pas pu s'emparer de vive force. C'est une calomnie qui retombe sur ceux qui l'avancent.

Internationale, Commune ou Ligue de la Liberté entendaient la liberté drôlement : elles ne souffraient que les journaux qui étaient de leur opinion et étaient sur le point de supprimer même celui de Rochefort.

Les réquisitions alternaient avec les perquisitions : la police secrète veillait et des hommes de *poigne* étaient postés aux cabarets des barrières pour mettre la main au collet des jeunes gens qui fuyaient Paris pour ne pas prendre part à la guerre civile. Les réfractaires étaient réintégrés de force dans les rangs de la garde nationale. Les trente sous par jour, les tonneaux de vin enfoncés et les eaux-de-vie qui coulaient à flots retenaient des combattants dont la vue seule attristait tout homme de bien.

Que serait-il devenu si la Commune s'était maintenue? Les Polonais qui avaient versé leur sang pour elle auraient demandé de marcher en Pologne. Or, comme la Ligue avait déjà à son premier congrès refusé son concours pour cette cause, les Polonais auraient cherché à culbuter ce gouvernement. Les Garibaldiens qui avaient pris une part active à la défense de Paris, lors même que leur chef n'était pas venu en prendre le commandement, auraient demandé le concours des Français pour l'établissement de la République italienne et les Allemands n'auraient pas délaissé leur allié le roi Victor-Emmanuel. Toutes les difficultés auraient surgi à la fois et ce n'est pas le rétablissement des anciennes provinces de la France et leur fédération qui auraient sauvé le pays.

Reste la liquidation sociale, et l'on a beau dire à l'Internationale que la fortune nationale de France, partagée entre tous les habitants, ne donne que quinze francs par tête, la sociale ira toujours son train, elle ramassera les canons qu'elle trouvera sur sa route et le pouvoir qu'on aura laissé tomber dans la boue.

La bourgeoisie est menacée dans sa propriété, il est grand temps qu'elle avise à sa défense. A son retour, l'Internationale n'aura pas pour la Banque de France les ménagements qu'elle a eus, et du moment que les ouvriers agricoles se mêlent de faire des grèves, le danger est pressant, plus pressant pour l'Angleterre où il n'y a que 65,000 propriétaires fonciers, que pour la France où il y en a 22 millions, mais les ouvriers des fermes sont encore assez nombreux.

La France est riche, disait l'auteur de *l'Ouvrière,* mais le riche ne voit pas l'état de l'ouvrier. En quoi le ministre a-t-il remédié à cet état depuis qu'il est au pouvoir? Il y a les crèches et les asiles, mais les ouvriers sont trop fiers pour y envoyer leurs enfants.

L'étranger n'est pas apprécié en France; on dit que c'est par jalousie ; mais la France a dévoré ses propres enfants comme Athènes et Rome. L'Allemagne protestante a toujours été plus tolérante.

Ce n'est plus le droit du travail, c'est la jouissance de la propriété que M. Louis Blanc voudrait donner à tous. Le moyen, ce n'est pas l'emprunt, c'est l'admission aux bénéfices, mais ces bénéfices diminuent avec le développement de l'industrie. Dans les houilles, en Angleterre, les dividendes diminuent en proportion de l'accroissement du nombre des travailleurs. Il n'y a donc pas de quoi assurer des rentes aux ouvriers, mais il y a un mieux sensible à réaliser. M. Leclaire, entrepreneur de peinture à Paris, a distribué 12,000 francs la première année à ses ouvriers, 17,000 la deuxième et 18,000 la troisième.

XI.

LE CÔTÉ COMIQUE.

Rien n'est plus comique que de voir, au congrès, à peine un discours ou une allocution ont-ils été prononcés dans une langue, qu'il saute quelqu'un pour le traduire dans une autre, puis dans une troisième. Cela devient tout à fait un bureau de traduction et cela se fait avec plus ou moins de désinvolture. Par exemple, le secrétaire de la section hollandaise possède le français assez bien, mais il s'adresse toujours au bureau au lieu de s'adresser au public. On dit que Karl Marx peut improviser en français, mais les traductions sont plus ou moins libres et « *Wir Die der deutchen Sprache mächtig sind*, nous ne donnons que la quintessence ou l'application pratique de ce que nous traduisons. »

Karl Marx est sorti du Conseil général par la porte afin d'y rentrer par la fenêtre. Il se fera élire du Comité à New-York même. C'est lui qui conduit tout. Il représente le parti autoritaire contre lequel crient les fédéralistes jurassiens, mais il n'en continue pas moins d'être le *Deus ex machiná*. A le voir à l'œuvre, on eût dit que c'est le judaïsme qui se venge sur le christianisme des longues persécutions qu'il en a éprouvées, et si jamais l'Internationale s'assure l'appui des Juifs qui possèdent en Europe les deux tiers de la propriété mobilière, la partie sera gagnée, mais comme tous les papiers subiront alors une dépression plus qu'énorme, les banquiers juifs se rangeront dans les rangs des adversaires de l'Internationale.

Le Masaniello de l'Internationale n'est pas jeune, mais il est puissamment soutenu par sa femme, qui joint aux traces passées de beauté les traces de son origine israélite, et par sa fille, Mme Lafargue, qui n'est pas blonde, comme l'a prétendu le vigilant 603, mais qui est très-maigre et a une forêt de cheveux que l'unique glace de la *Harmonia* est tout au plus digne de refléter.

Vient ensuite M. Becker qui ressemble à Bertram dans *Robert le Diable*, à s'y méprendre. On dit qu'il a poussé son dévouement à l'Association jusqu'à faire le sacrifice de sa fortune personnelle. Engels n'a pas la barbe moins longue que Becker, mais elle est blonde. Longuet et Vaillant ont des langues comme des épées, et déjà ce dernier a pris l'engagement de fusiller Gambetta, qui, dit-on, n'aime pas les coups de fusil et a cela de commun avec Henri Rochefort.

Il y a une grève que l'Internationale devrait appuyer, c'est celle des journalistes qui écrivent à un sou ou à deux sous la ligne — les *penny-a-liner* qui ne jouissent pas d'une grande considération des deux côtés de l'Atlantique. En Allemagne, ils sont rétribués à raison d'un thaler par page de quarante lignes; c'est à peu près ce que gagnent les journaliers, et il leur faut des avances bien plus considérables. L'auteur de l'*Histoire de Jules César* a quitté la France avec l'idée que les auteurs gagnaient de quoi vivre, mais la société des hommes de lettres et celle des auteurs dramatiques auraient de tristes histoires à relater. Les directeurs des journaux gagnent beaucoup plus en proportion qu'ils ne payent aux rédacteurs. Il y a des sangsues et des pieuvres, des faiseurs qui expriment les débutants comme des citrons.

« Association universelle des travailleurs » est un titre plus heureux que l'Internationale, mot de réfugié et dont on a beaucoup abusé. Il y a le savon international, le mètre international, des journaux internationaux plus ou moins mal rédigés et dirigés, il y a des bureaux de chemins de fer internationaux, des câbles sous-marins internationaux, mais l'Internationale forcera les gouvernements à prendre en mains la cause des ouvriers. Ainsi, le cabinet de Copenhague vient d'envoyer un questionnaire à toutes les magistratures pour avoir des détails précis sur l'état de tous les ouvriers.

Est-ce bien Karl Marx qui a mis Bakounine à la porte, ou Bakounine qui a dégommé Karl Marx ? C'est un secret de coulisse que nous laissons à pénétrer à de plus habiles que nous.

XII.

Les économistes de l'Allemagne, alarmés par l'activité de l'Internationale, se sont réunis à Eisenach. Il y avait 150 à 200 *invités*, dont beaucoup de professeurs. Il y a été dit que l'économie politique ne peut plus se contenter du *laisser faire et laisser passer*, et il ne s'est trouvé personne pour objecter que ce principe n'était pas observé là où le commerce et l'industrie ne sont pas libres.

Les Chambres syndicales (*Gewerbs-Kammer*) de la Saxe ont pris l'initiative de la réglementation du travail des fabriques, à l'instar de l'Angleterre, et il s'agit d'étendre ce règlement à toute l'Association douanière allemande, donc d'en faire une loi internationale.

La tutelle de l'État commence pour les garçons à l'âge de 10 ans — il est interdit d'en employer de plus jeunes — et ne cesse pas à 16 ans. Les femmes, ne pouvant concourir avec les hommes et s'assurer leurs moyens d'existence, sont aussi appelées à participer à cette protection. Les enfants de 10 ans ne peuvent être employés que 4 heures par jour, et ceux de 16 ans 12 heures.

M. Frantz Dunkler (de Berlin) a exprimé le désir que les patrons soient engagés à être moins égoïstes.

On a fait ressortir une considération importante : l'agglomération des capitaux entre les mains d'un petit nombre d'individus ; les compagnies par actions qui sont à la tête des entreprises industrielles ont ruiné les petites fabriques et placé les ouvriers à la discrétion des grands entrepreneurs.

En attendant, les congrès des grévistes rassuraient l'opinion publique alarmée par la suspension du travail. Les menuisiers de Berlin, au nombre de 1,500, décidaient qu'ils reprendraient le travail sans augmentation de salaire. Les réunions publiques d'ouvriers deviennent des soupapes de sûreté.

Les maîtrises et les corporations ont disparu devant l'esprit de la concurrence, et cependant si elles avaient un mauvais côté, celui de paralyser les innovations, elles en avaient plusieurs autres qui étaient excellents. Elles soutenaient l'union qui fait la force, elles maintenaient de bons rapports entre maîtres et ouvriers. Leur origine remonte aux Indes ; l'Égypte, la Grèce et Rome les ont connues; le christianisme y a apporté l'esprit de charité, l'esprit religieux en général, plusieurs dispositions morales et même de sages mesures policières. La veuve du maître n'était pas abandonnée, mais mise en état de continuer l'industrie du défunt dont les enfants étaient élevés aux frais de la maîtrise. La volonté des patrons était tenue en échec par des conseils où siégeaient les plus anciens des ouvriers. Il y avait des livres noirs, où l'on inscrivait les ouvriers

de mauvaise conduite, et comme telle était considérée
la médisance. Il était défendu de jurer, et les maîtrises
des différentes villés étaient en rapport constant entre
elles : elles étaient informées des peines encourues par
les membres des corporations (*Gesellschaften*) et met-
taient à l'index les gens irréligieux. Honneur et considération attendaient les artisans distingués, grâce à
cette réciprocité. Le chant, l'art oratoire, étaient prati-
qués en commun. Plus d'une composition remarquable
est sortie de cette source, voire même des satires contre
le clergé relâché dans ses mœurs.

Le congrès d'Eisenach a proposé de donner des
droits juridiques aux corporations qui voudront régler
à l'amiable les conditions de salaire entre maîtres et
ouvriers.

En France, la commission d'enquête sur la situation
de la classe ouvrière a terminé ses séances sans avoir
encore pris ses conclusions. La déposition du directeur
du Mont-de-Piété de Paris a présenté un intérêt vrai-
ment scientifique. Les commis de commerce se sont
plaints des patrons en termes amers et ont donné lieu
aux bruits d'une nouvelle grève. Si les grèves sont
défendues en France, il n'est pas défendu de ne pas
travailler, et en ne faisant rien pour prévenir les plaintes
fondées, on est sûr d'amonceler l'orage sur sa tête.

Qu'adviendra-t-il si la France s'en tient à la proscrip-
tion dont elle a frappé l'Internationale ? Ce qui est
arrivé après la révocation de l'édit de Nantes. Ses ouvriers s'en iront dans les pays où leur situation sera
plus assurée ou mieux réglée. Le travail est cosmopo-

lite et émigre volontiers là où il est le mieux rétribué. A moins de s'entourer d'un mur chinois, on apprend ce qui se passe dans les pays voisins, et tant qu'il y aura un seul pays qui donnera asile à l'Internationale, celle-ci continuera d'agir ostensiblement ou d'une manière souterraine. Chaque disposition prise à l'avantage de la classe ouvrière ailleurs qu'en France ne pourra qu'aliéner les travailleurs français à leur gouvernement, et les pousser à en exiger une satisfaction pareille par des moyens légaux ou violents.

« La force prime le droit, » a dit M. de Schwerin. « Le droit du plus fort est toujours le meilleur, » a dit La Fontaine avant lui. — « Vous avez tort d'avoir raison, » disait le professeur Sieyès à ses élèves, dans le sens qu'il ne suffit pas d'avoir le droit pour soi pour avoir gain de cause. Tout est là. Il s'agit d'accorder la logique avec la justice et l'équité avec le droit. L'histoire de l'humanité n'est que la lutte de la force contre le droit, et *vice versâ*. Empêcher les gros de manger les petits est la tâche de toute législation. Le commerce en gros opprime le commerce au détail, force est donc aux détaillants de se cotiser.

Sur dix millionnaires, c'est à peine s'il y en a un qui fasse du bien par ostentation. Il faut se tenir aussi loin de l'égoïsme que du communisme et la peur de ce dernier ne guérit pas du premier.

XIII.

L'AVENIR DE LA FRANCE.

Pauvre France ! voilà les mots que je répète depuis trois ans, car, comme il a été dit, la France est la seconde patrie de tout homme civilisé, et il y a trente-cinq ans que je mange son pain, pain de l'exil, pain amer, en attendant que la fraternité des peuples ait relui au soleil de la liberté.

Les tendances, les aspirations de 1872 étaient en germe en 1848. Il est donc tout naturel de se reporter en idée à cette époque et à l'homme qui l'a caractérisée et contenue, à Lamartine. C'était une grande âme ! On a beau dire avec Platon qu'il faut couronner les poëtes de fleurs et les chasser de la République, les poëtes sont des prophètes. Alfred de Vigny m'a dit alors en parlant de Victor Hugo, mais en appliquant le mot à Lamartine : « Bête comme un homme de génie. » Cependant je me souviens que le même de Vigny a proposé à de Lamartine de constituer une pension en faveur des écrivains, ces phares de la civilisation. Poëte du gouvernement provisoire tant qu'on veut, mais 1870 n'a pas offert de figure aussi sympathique,

d'intelligence et d'illustration aussi haute ; c'est lui qui
a dit :

> Je suis concitoyen de tout homme qui pense,
> La vérité c'est mon pays.

Il était, de l'avis de M. L. Reybaud, le chef de l'école
humanitaire, et la révolution du 4 septembre, qui n'a
pas eu d'écho à l'étranger, ne peut s'appeler humanitaire comme l'a été celle de 1848.

Béranger m'a dit alors : « Lamartine est l'homme de
la Révolution, mais je doute qu'il soit l'homme du
Gouvernement. » On peut en dire autant des républicains français. Ils s'entendent beaucoup mieux à ren-
verser un gouvernement qu'à en fonder un.

Lorsqu'on dit que Lamartine est devenu sur la fin de
ses jours un mendiant, on fait, sans s'en douter, la critique de notre époque. L'Angleterre n'a pas attendu
que Charles Cobden ait tendu la main pour faire en sa
faveur une souscription nationale.

« Le couronnement de l'édifice » a fait perdre à Napoléon III sa couronne, mais le plus étonnant est qu'on
l'ait renversé pour confier la défense nationale à un
Jules Favre et à un Trochu. A la dernière heure, on
s'est souvenu qu'on avait Thiers, mais une hirondelle
ne fait pas un printemps, un seul homme d'État ne
constitue pas un État. M. Drouyn de Lhuys n'était pas
moins fort que M. de Rémusat, Duruy avait soin des
instituteurs et Cousin ne serait pas tombé dans les
contradictions de M. Jules Simon.

Comme en 1848, on dit que pour faire une République il faut des républicains, et les républicains modérés ne sont pas en nombre. Comme après les affaires de juin, on peut représenter l'oiseau dans une cage avec cette inscription :

La République étant volage
Et trop prompte à nous échapper,
Nous venons de la mettre en cage,
Afin de la mieux conserver.

En France, les hommes changent et les choses restent les mêmes, parce qu'on ne change d'hommes qu'à la cime et avec des hommes anciens on n'élève pas d'édifice nouveau. Aussi n'est-ce pas à tort qu'on reproche à la France d'être un pays de routine.

« Grattez le Russe et vous trouverez le Tatare, » a dit Napoléon Ier. « Grattez le démocrate et vous trouverez un despote, » a dit le *Journal des Débats*. « Grattez le Français et vous trouverez le singe, » disent les Allemands.

Il n'y a qu'un grand homme qui puisse sauver la France, mais il n'y a pas de grand homme pour des vaniteux. L'outrecuidance gallique dont se plaignait déjà Jules César a disparu de l'armée, mais non pas du barreau et de la presse. C'est la presse qui a amené la guerre avec l'Allemagne et c'est à elle à s'élever à la hauteur de la docte et sérieuse Allemagne.

Il faut être juste envers ses ennemis. L'empereur Guillaume n'est pas un souverain ordinaire, la race des Hohenzollern n'est pas dégénérée comme celle d'autres maisons régnantes; mais si Bismark était Français, il n'aurait été que fabricant de papier, on

ne l'aurait pas trouvé assez souple, assez futile.
Pauvre France ! Compter sur la Russie pour prendre sa
revanche, c'est compter sans son maître. La Russie
comme l'Italie, en aidant l'Allemagne, ont fait leurs
conditions qui ne contiennent pas le maintien de la
République en France.

> L'avenir n'est à personne,
> L'avenir est à Dieu seul,

a dit Victor Hugo.

Une longue étude de l'histoire m'a convaincu que
Dieu intervient dans les moments décisifs de la vie des
peuples, qu'il punit les méchants et venge les persé-
cutés. Qui donc a dispersé la grande armade de Phi-
lippe II, si ce n'est Celui qui a fait mourir ce forcené
de la mort de Sylla, qui a assisté les princes d'Orange
d'une manière éclatante? Si Dieu élit ses instruments, il
y a des hommes providentiels. Ainsi Napoléon III a été
destiné à dégoûter définitivement les Français d'un
régime qui commence par le Coup d'État et qui finit
par Sedan(1). Quand Dieu souffre que des millions soient
opprimés par un seul, c'est pour les punir de leur
lâcheté. Que réserve-t-il à la France ? Chaque peuple est

---

(1) Les Bonapartes n'ont rien fait pour leur pays natal, la
Corse; ils ne l'ont pas doté du plus petit chemin de fer et n'ont
pas seulement amené de l'eau à Ajaccio. Ils n'ont fait des
Corses que des espions, des valets et des sergents de ville. Le
prince Napoléon n'y serait plus seulement choisi comme garde
champêtre. Déjà, lorsqu'on l'a nommé conseiller général, on lui
criait : — « Allez-vous-en, vous n'êtes rien pour nous ! »

l'artisan de ses destinées et la France a sans doute été des mieux partagées par le ciel, mais si ses habitants continuent à mettre les biens passagers au-dessus des biens éternels, le mensonge au-dessus de la vérité, l'intrigue au-dessus du patriotisme, ils seront visités par le fléau du communisme et, d'égarement en égarement, ils arriveront à la fin de leur pays, comme la Pologne a péri par la désunion. Les Empires ne périssent ni en un jour ni en une année, mais, de chute en chute, ils succombent et disparaissent de l'arène des peuples.

C'est à l'instruction publique à régénérer la France, en élargissant les connaissances, le cercle de vue du peuple, en le rendant sérieux de léger qu'il est, en appelant l'étude non pas sur les langues mortes, mais sur les langues vivantes, non pas sur des questions oiseuses, mais sur des questions vitales et d'utilité publique, constante et non passagère. Oui, il faut élever la force et la santé du peuple, accroître la population qui décline, multiplier ses rapports avec les autres pays.

Le protestantisme fait la force morale de l'Allemagne du Nord, de l'Angleterre et des États-Unis. Il réconcilierait la France avec le ciel et l'Allemagne, élargirait ses vues et relèverait son cœur. Jésus-Christ a dit: « Mon royaume n'est pas de ce monde, » et ses vicaires font bien de ne pas se mêler du temporaire.

La France est dans une coupe réglée de monopoles et de montages de coups. Tout sert de prétexte pour extorquer l'argent : le coton fulminant et les cartouches comprimées sous l'Empire, les armes défectueuses et les chaussures sans semelles sous le gouvernement de la Défense Nationale.

Le gaz oxygène a fait courir sous la Commune le danger à Paris de l'explosion (1). Il n'y a que les tramways et les moyens de rendre les édifices incombustibles qui ne trouvent que de sourdes oreilles.

Au milieu de cet égoïsme et de l'avidité, de la désunion et de l'insouciance, toute société secrète est dangereuse et d'autant plus qu'elle affiche la fraternité et fait briller le mirage de la paix, du désarmement. Si à Paris les blanquistes sont pour la politique, l'Internationale a à Lyon beaucoup d'adhérents socialistes, même parmi les femmes qui forment une ligue entre elles.

Sans doute que l'administration individuelle des fortunes en fait perdre un nombre considérable, mais il ne s'ensuit pas qu'il faille mettre tout le monde en tutelle ou donner pour conseils légaux les citoyens de l'Internationale.

La susceptibilité est une preuve d'étroitesse d'esprit. Avec le système des ménagements on ne sort pas du régime du favoritisme. Si ces vérités sont trop dures sous la plume d'un étranger *obligé*, écoutez *le Temps*, un journal *honnête* qui, à propos des processions religieuses, dit que le niveau de l'intelligence a baissé en France. En effet, faut-il toujours tomber de Charybde en Scylla, de la Commune dans le fanatisme ?

(1) Binet et Roussel ont évincé trois individus qui offraient au Comité de salut public de faire sauter Paris.

CONCLUSION.

L'Internationale dépasse d'une coudée ceux qui sont appelés à la combattre. Ainsi, pendant que les journaux allemands admettent des rubriques spéciales pour la question sociale ou la question du travail, on se complaît ici dans des espérances comme celles-ci : « La saison ne commencera qu'après le premier de l'an, les riches généreux donneront alors des bals qui feront gagner ceux qui ont l'honneur d'être pauvres. »

Si Platon a créé des utopistes, Aristote a donné le jour à des avocats sans scrupule et la Gaule en a été la mère nourricière. J'admets une philosophie d'économie politique, comme il y a une philosophie d'histoire, du droit, etc.; mais les économistes français Quesnay, Turgot, J.-B. Say ont eu le tort de ne pas avoir été philosophes, et les philosophes socialistes de ne pas avoir été des économistes.

Heureusement que pendant que les caisses des grèves de l'Internationale sont assez vides, les caisses d'épargne en France contiennent plus de trois milliards; mais il ne faut pas se flatter que le mur chinois préservera la France des doctrines excentriques. L'irascibilité du caractère français se retrouve dans toutes les classes; seulement les conservateurs manquent d'énergie et assurent le triomphe aux minorités violentes.

Imprimerie Eugène Heutte et Cⁱᵉ, à Saint-Germain en Laye.